FACULTÉ DE DROIT DE POITIERS

# THÈSE

## POUR LA LICENCE

PAR

### Justin RAYMOND

LIMOGES
IMPRIMERIE LIBRAIRIE Ve H. DUCOURTIEUX
5, RUE DES ARÈNES, 5

1874

F

# THÈSE
## POUR LA LICENCE

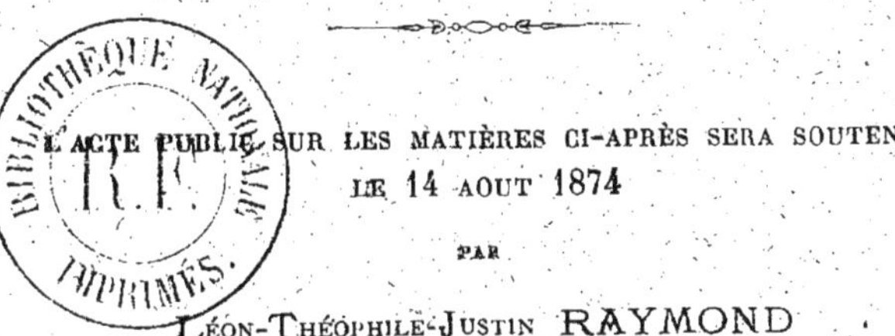

L'ACTE PUBLIC SUR LES MATIÈRES CI-APRÈS SERA SOUTENU
LE 14 AOUT 1874

PAR

Léon-Théophile-Justin RAYMOND

Né à Eymoutiers (Haute-Vienne)

PRÉSIDENT : M. THÉZARD

MM.

SUFFRAGANTS :

Le Candidat répondra en outre aux questions qui lui seront
faites sur les autres matières de l'enseignement.

LIMOGES
IMPRIMERIE-LIBRAIRIE Vᵉ H. DUCOURTIEUX
5, RUE DES ARÈNES, 5

1874

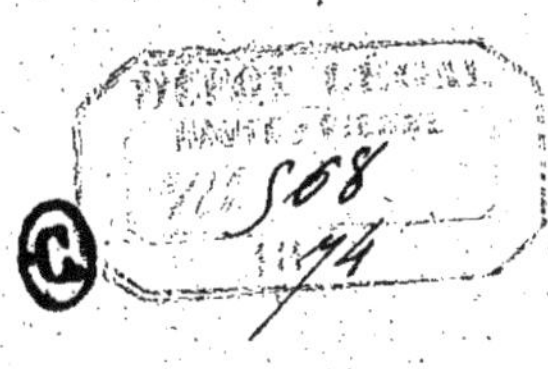

# THÈSE

## POUR LA LICENCE

présentée et soutenue publiquement
le 11 juillet 1871

Par Jean-Théophile Léonce RAYMOND

Président M. HÉNAUD

Le Candidat répondra en outre aux questions qui lui seront
faites sur les autres matières de l'enseignement.

LIMOGES
IMPRIMERIE-LIBRAIRIE V. H. DUCOURTIEUX
rue des Arènes

1871

# A MON PÈRE

ET

# A MA MÈRE

TÉMOIGNAGE D'AFFECTION ET DE RECONNAISSANCE

## A MON FRÈRE LÉON RAYMOND

Inspecteur des Lignes télégraphiques

## A MON FRÈRE THÉOPHILE RAYMOND

Docteur en Médecine

## A MES BELLES-SŒURS

MEIS ET AMICIS

A MON PÈRE

ET

A MA MÈRE

TÉMOIGNAGE D'AFFECTION ET DE RECONNAISSANCE

A MON FRÈRE LÉON RAYMOND

Inspecteur des lignes télégraphiques

A MON FRÈRE THÉOPHILE RAYMOND

Docteur en Médecine

A MES BELLES-SŒURS

MEIS ET AMICIS

# JUS ROMANUM

## De Testamento inofficioso

(Dig. liv. V, t. 2.)

Lege duodecim tabularum testatores extraneis suam pecuniam legare poterant, sed mox hanc maximam libertatem legandi minuere necesse fuit, nam sæpe paterfamilias totam familian suam omittebat. Huic periculo a prudentibus quæsitum est remedium, et saltem testatoris liberi exheredandi erant. Postea hoc remedium inutile fuit ; exheredabant filium patresfamilias et ita prudentium audiebatur voluntas. Paulo post, justa causa exheredationis necessaria fuit et liberi qui inique exheredati vel præteriti fuerant, de inofficioso testamento agere potuerunt, quasi sanus non fuisset testator. Non autem liberis tantum, verum etiam parentibus et fratribus et sororibus inique exheredatis, testamentum inofficiosum accusare permissum fuit. Inofficiosum dictum est testamentum quod non ex officio pietatis videbatur esse conscriptum.

Querela inofficiosi testamenti est quædam species petitionis hereditatis qua quis adversus heredem scriptum hereditatem, tanquam ab intestato delatam, petit. Quidam auctores querelam testamenti inofficiosi lege Glitia introductam fuisse scripserunt ; attamen ignoratur tempus quo precise introducta.

fuit hæc querela, sed haud dubio jam Reipublicæ tempori
florebat, nam de hac re in causis locutus est Cicero.

Quæ ad hanc querelam pertineant in tribus partibus successim videbimus.

---

## CAPUT I

*Cujus testamentum huic querelæ subjaceat et quibus aut adversus
quos et in qua causa hæc querela competat.*

Testamenti inofficiosi adversus milites non permittebatur
querela, et miles de inofficioso militis agere non poterat. Imo
etiam jure militari intra annum post militiam testamento
valente, per hoc tempus testamenti inofficiosi querela cessa-
bat. Item filii familias testamentum in castrense peculio fac-
tum per inofficiosi querelam non rescindebatur.

Ad querelam testamenti inofficiosi admittuntur hi qui se
defuncto quasi intestato mortuo succedendos contendebant;
et testamentum inofficiosum accusandum erat his tantummodo
quibus hereditas vel bonorum possessio dabatur. Liberi igitur
de querela inofficiosi agere poterant qui ad hanc hereditatem
defuncti sive lege duodecim tabularum sive senatusconsulto
Orphitiano, sine jure pretorio, sine imperatorum constitu-
tionibus appellabantur. Aliquandoque etiam ante senatuscon-
sultum Orphitianum liberi ex justis nuptiis procreati testamentum matris inofficiosum dicere poterant et hoc jus
nunquam naturalibus filiis vel spuriis abnebatur, sed hi
secundo tantum ordine per bonorum possessionem succede-
bant.

Non solum jam natis liberis, sed etiam posthumis quamvis
extraneis essent, querela inofficiosi competebat; de extraneis
vero erat controversia, tamen haud dubium est heres posthu-

mus alienus non jure civili, sed jure prætorio institui posse. Adoptivis quoque querela inofficiosi erat, sed extranei adoptati filii adversùs testamentum adoptivi patris, quamvis ei succederent ab intestato, agere non poterant, quia quartam Antoninam habebant. Denique etiam adoptato filio matris adoptivæ testamentum accusandum erat inofficiosum, quia ad hanc adoptionen jussum principis obtinere debebant feminæ et successim imperatores adoptatum filium legitimo filio assimilaverunt ; itaque querela testamenti matris adoptato filio competebat.

Parentibus quoque tribuebatur testamenti inofficiosi querela, quum ad hereditatem ab intestato filio vocarentur; nam res hereditatis non minus parentibus quam liberis pie relinqui debebant. Tantummodo filiifamilias, ut vidimus, testamentum de castrensis bonis inofficiosi querelæ minime subjacebat. Ante Justinianum etiam parenti emancipatori omisso in testamento emancipati filii bonorum possessionem contra tabulas usque ad dimidiam partem obtinere licebat. Et, Justiniano regnante, solum tertiam partem petere potuit emancipator.

Inofficiosum testamentum filii in adoptionem dati pater naturalis dicere poterat. Si vero emancipatus fuisset filius a patre adoptivo, contracta fiducia, is naturali patri antepone batur. Deficiente tantum fiduciæ clausula, ante extraneum manumissorem veniebat naturalis pater. Matri etiam querela adversus testamentum inofficiosum filii competebat, quia senatusconsulto Tertuliano ad hereditatem vocabatur.

Nemo eorum qui ex transversa linea veniebant, fratribus sororibus que exceptis, ad inofficiosi querelam admittebatur. Contra inofficiosum testamentum fratris sui vel sororis, frater aut soror solum movere poterat. Quin etiam sororibus primum non competebat querela hoc fratribus uterinis sed consanguineis tantum fratribus, agnatione durante, si scripti heredes infamiæ vel turpitudinis vel levis notæ macula aspergerentur. Paulo post Justiniano regnante, exclusisque semper fratribus et sororibus uterinis, querela inofficiosi omnibus fratribus vel sororibus consanguineis durante agnatione vel non, concessa fuit.

Denique his tantum testamenti inofficiosi querela competebat, qui priores in ordine succedendi ab intestato erant.

Adversus institutum heredem testamenti inofficiosi querela competebat sed denegabatur adversus legatarios vel fidecommissarios singulari titulo hæc querela; tamen si inter scriptos heredes et eum qui de inofficioso agebat, legatariis collusio suspecta esset, adesse etiam legatarios et voluntatem defuncti tueri constitutum erat. Imo etiam si contra testamentum pronuntiatum fuisset eisdem appellare permissum erat.

Querela inofficiosi testamenti ultimum erat auxilium : ita demum de inofficioso testamento agendum erat quum tantummodo querens nullo alio jure ad defuncti bona venire posset. Etenim si filius emancipatus præteritus que fuisset, et si etiam hujus filii nepos in potestate retentus heres institutus fuisset, filius contra filium suum testatoris nepotem bonorum possessionem petebat; queri autem de inofficioso testamento non poterat. Hanc facultatem solum ei dabat exheredatio. Vero quidem filius in testamento matris vel avi materni tantummodo omissus querelam inofficiosi ferebat, nam silentium matris aut avi materni et cæterorum per matrem ascendentium, tantum faciebat quantum patris exheredatio.

Non numererabatur inter judicia stricti juris inofficiosi testamenti querela et judices maxima judicandi libertate fruebantur nam hoc testamentum non propter absolutum vicium et lege definitum impugnabatur, sed quia officium pietatis lædebat, quasi non sanam mentem habuisset paterfamilias testator. Sic igitur a judice exheredationis vel omissionis causæ erant videndæ. Cæterum ut querela competeret, non sufficiebat eum qui querebatur præteritum fuisse; oportebat ut immeriter præteritus fuisset aut exheredatus. Ei, qui agebat onus probandi justam vel iniquam omissionem seu exheredationem incumbebat.

Pro exheredato aut præterito non habebatur is cui mortis causa, quarta pars relicta fuisset bonorum quæ ad eum essent perventura si intestatus paterfamilias decessisset. Cæterum his verbis hanc sententiam confirmat Justinianus : « Quartam quis debet habere ut de inofficioso testamento agere non possit, sive jure hæreditario sive jure legati aut fideicommissi vel si mortis causa ei quarta donata fuerit. » Hæc quarta portio, deductis ære alieno et funeris impensa et libertatibus, æstimabatur. Dubitabatur autem antiquo jure si inter vivos donatum hac contemplatione ut in quartam haberetur, an adhuc competeret querela inofficiosi. Querelam cessaturam fuisse docebat Ulpianus si quartam in donatione præteritus vel omissus habuisset, Constituebat que imperator Zeno ut donatio ante nuptias filio et similiter dos filiæ in quartam imputarentur.

Quamvis heredi tantum modo quarta pars non relicta fuisset, querela tamen inofficiosi testamenti excludebatur. Etenim liberis exheredatis vel omissis solum concessa erat hæc querela velut ultimum remedium et quum nihil eis penitus a testatore relictum fuisset. Contra vero, quum quantacumque pars hereditatis heredi relicta fuisset, hic de inofficioso, quiescente querela, quod ei deerat ad quartam legitimæ partis perficiendam, tantum obtinere poterat.

---

## CAPUT II

De effectu sententiæ quæ testamentum inofficiosum pronunciavit et de effectu transactionis super eadem re.

A judice de inofficioso testamento, cognata querela, tres positiones sunt considerandæ ; sive vincitur, sive penitne vincit, sive partim vincitur querelans.

1° *Querelans vincit.* — Si pronuntiaverit contra testamentum judex ipso jure rescisum est, et testatoris heres erit querelans, et bonorum possessionem obtinebit et libertates ipso jure non valent. Nunquam legata debentur et soluta utili actione ab eo qui obtinuit vel ab eo qui solvit, repetuntur. Inde sequitur ut, admissa querela inofficiosi, statim ipso jure testamentum rescindatur et intestatus paterfamilias decessit. Ergo si querelans filius sit sub potestate testatoris, suus heres fit; si emancipatus, bonorum possessionem obtinet. Judicis sententia non solum heredi instituto sed etiam legatariis opponitur contra regulam : *Res inter alios acta aliis neque nocet neque prodest.* Deinde vero si ante querelam heres scriptus bona fide fuerit et legata solverit nihil repetet nam querelanti hereditatem, deducta pecunia legatariis soluta, restituet. Sin autem, post querelam factam, legata solverit, pecuniam legatariis solutam in restituenda hereditate non retinebit.

2° *Vincitur querelans.* — Quum querelans testamentum improbe inofficiosum dixerit et non obtinuerit, si usque ad sententiam judicis, lite improba perseveraverit, id quod in testamento accepit perdet et id fisco vindicabitur quasi indigno ablatum. Veroquidem si ante sententiam destiterit vel decesserit querelans, quod datum non ei ablatum erit. Item si patri legatum testator dederit cujus filius de inofficioso agens decesserit, et si loco filii hereditariam causam peregerit et victus fuerit pater, id quod ei relictum fuerit, non perdet.

Item quoque si quis adrogaverit eum qui jam litem instituisset de inofficioso testamento ejus qui ei legatum dederit et si litem nomine adrogati adrogans peregerit nec obtinuerit, legatum non perdet, quia non indignus fuerit adeo ut quod derelictum fuerit a fisco ei auferetur ; querelans enim non proprio nomine sedjure cujusdam successionis egit. Quin etiam si pupilli nomine tutor cui nihil relictum fuerit de inofficioso egerit, et superatus est, quod sibi in eodem testamento relictum est, non perdet.

3° *Tandem etiam pro parte vincitur pro parte vincit querelans.* — Circa inofficiosi querelam plerumque evenit ut in una eademque causa diversæ sententiæ proferantur. Quid enim si, fratre agente, heredes scripti diversi juris fuerint? Quod si fuerit : partim testatus partim intestatus decessisse videbitur. Idem evenire potest per injuriam judicis alicujus quum apud diversos judices, adversus diversos heredes filius de inofficioso queratur. Casus idem etiam filio sæpe eveniet qui de inofficioso adversus duos heredes agit. Diversæ erunt sententiæ judicum. Unum vincet et abaltero erit superatus. Et debitores convenire et ipse a creditoribus conveniri pro parte potest. Inter eum et scriptum heredem dividetur hereditas sive bona gratia sive familiæ erciseundæ judicio. Legata autem et fideicommissa pro ea parte quo resolutum est testamentum (cum jure intestati querelans succedat) non debentur, quamvis libertates directæ competant et fideicommissa præstari debeant.

Super querelam inofficiosi non idem est effectus transactionis ac sententiæ judicis. Quamvis enim, instituta inofficiosi testamenti accusatione res transactione decisa sit, tamen testamentum in suo jure manet et ideo datæ in eo libertates atque legata usque quo permittit Falcidia, suam habent potestatem.

---

## CAPUT III

### Quandonam cessat querela testamenti inofficiosi.

Quintis modis extinguitur querela inofficiosi :

1° Transactio institutam de inofficioso testamento accusationem extinguere potest. Attamen transactio quæ, vivente testatore, facta fuisset nullum effectum haberet ; hæc tantum, mortuo testatore, potestatem habebit ;

2° Querela etiam remissione litis cessat. Etenim si quis post rem inofficiosi ordinatam litem dereliquerit, postea non audietur. Attamen si querelans fraude heredis scripti reliquit actionem, querelam deseruisse non videtur; et ideo eam repetere inchoatam non prohibebitur;

3° Tertius modus quo extinguitur querela est tabulis data approbatio. Etenim, si conditioni parere testator heredem jussit in persona filii vel alterius, quæ querelam movere potest, et sciens is accepit querelæ inofficiosi renuntiasse videtur, nam agnovit judicium. Item si exheredatus petenti legatum ex testamento advocationem præbuit procurationem ve suscepit, ab accusatione removetur. Agnovisse enim videtur qui judicium defuncti comprobavit;

4° Cessat etiam querela inofficiosi testamenti si intra certum tempus non fuerit lata. Hoc tempus in antiquissimo tempore fuit biennium. Postea usque ad quinquennium extensum est. Disputabatur autem inter prudentes a quo tempore hoc proficisceretur spatium; sed hanc controversiam solvit Justinianus nam hoc quinquennium non ex die mortis, ut putaverat Modestinus, sed ex die adita hereditatis currere juxta Ulpiani sententiam constituit. Statuit etiam Justinianus ut heres scriptus intra sex menses a die mortis aut intra annum si utraque pars in diversis provinciis degeret, declarare teneretur an hoc testamento adire vellet;

5° Denique extinguebatur querela quum, non præparata controversia, heres decessisset. Casum excepit Justinianus quo querelans liber testatoris, deliberante adhuc herede, decedit ipse unum vel plures filias relinquens; tunc enim transmittitur querela.

# POSITIONES

---

I. — Querela inofficiosi testamenti, nulla scripta lege, sed interpretatione prudentium introducta est.

II. — Filius inofficiosum testamentum potest dicere matris quæ eum adoptavit venia principis.

III. — Querela primum inofficiosi testamenti fratribus, quum turpibus personis postpositi sunt, jure pandectarum, non dabatur : hac in re Constantinus jus novum introduxit.

IV. — Si quis admittitur ad accusationem, nolit aut non possit accusare, sequens admittitur.

V. — Quum testator filium aut parentem non expressa causa sive exheredavit sive omisit, haud nulla est institutio, sed inofficiosum tantum testamentum.

VI. — Adrogatus impuber quamvis sine causa justa exheredatus fuerit de inofficioso agere non potest.

# POSITIONES

I. — Quoad iudiciosi le cluaguri, nulla certitudo saepe sed interpretatione graduum introducta est.

II. — Filius institutus testamentum potest alicui [illegible], requiem etiam adoptivi venir praecipit.

III. — Quoties primum institusi testamenti restituantur hereditas, quum nuptias postposuit sunt, iure pontificum non debatur; hac in re Constantinus ius novum introducit.

IV. — Si quis admittitur ad nuptias [illegible], nihil ius ipso se apparere, sequens abolitum.

V. — Quum testator filium, nihil potentem non expressas causas exheredationis pro uxore, haud nulla est uxatatio, sed institutus iniquam testamentum.

VI. — Ad liberos iampridem, quamvis suos consanguineos, redditus inseri de inofficioso agere non potest.

# DROIT FRANÇAIS

## Des Conditions essentielles à la validité des Contrats.

(C. C. 1101 à 1133. — 1594 à 1601.)

Avant de parler en cette thèse des conditions essentielles à la validité des conventions en général, nous allons définir certains mots qui tomberont incessamment sous notre plume, puis nous traiterons successivement de chacune des conditions essentielles à la validité des contrats, nous réservant de parler à part des articles 1119 à 1123, qui traitent de l'effet des contrats à l'égard des personnes qui n'y sont pas intervenues, et forment ainsi une matière en quelque sorte distincte de celle qui fait l'objet de cette thèse.

Nous terminerons ce sujet par l'examen des articles 1594 à 1601, qui traitent particulièrement des personnes qui peuvent vendre ou acheter et des choses qui peuvent être vendues.

# CHAPITRE I<sup>er</sup>

## Dispositions préliminaires

Le *Contrat*, nous dit l'article 1101, est une convention par laquelle une ou plusieurs personnes s'obligent envers une ou plusieurs autres à donner, à faire, où à ne pas faire quelque chose.

Cette définition donnée par le Code n'est pas exacte :

1° Elle s'applique seulement aux contrats *unilatéraux*, car l'article ne parle que d'obligations se formant d'un seul côté, tandis que le contrat crée souvent des obligations réciproques. Pothier avait eu bien soin de dire : « Une convention par laquelle *les deux parties réciproquement ou seulement l'une d'elles s'engagent.....* »

2° La mutation de propriété, qui souvent est l'un des effets les plus importants du contrat, n'est pas comprise dans la définition du Code.

On aurait donc dû définir le contrat, l'accord arrêté entre plusieurs personnes soit pour former une ou plusieurs obligations, soit pour éteindre ou modifier des obligations déjà existantes, soit enfin pour opérer un transport immédiat de propriété ou de droits réels quelconques.

Les contrats sont *synallagmatiques ou bilatéraux* et *unilatéraux*.

Le contrat *synallagmatique* est celui par lequel chacune des parties seulement s'engage envers l'autre. Le contrat de vente par exemple est synallagmatique. Le vendeur est débiteur de la chose vendue et créancier du prix. L'acheteur est débiteur du prix et créancier de la chose vendue.

Le contrat *unilatéral* est celui par lequel l'une des parties seulement s'engage envers l'autre ; le prêt d'une somme d'argent, par exemple, est un contrat unilatéral.

Le contrat est-il *synallagmatique*, l'écrit sous-seings privés que les parties dressent pour le constater doit être fait en autant d'originaux qu'il y a de parties ayant un intérêt distinct. Le contrat est-il *unilatéral*, un seul original suffit.

La première division des contrats en synallagmatiques et unilatéraux se rattache au nombre des obligations que le contrat produit; il y a une seconde division qui se rattache au but que se propose chacune des parties. Je veux parler des contrats *commutatifs, aléatoires, de bienfaisance* et *à titre onéreux.*

On appelle contrat *commutatif* celui par lequel « chacune des parties s'engage à donner ou à faire une chose qui est regardée comme l'équivalent de ce qu'on lui donne ou de ce qu'on fait pour elle ».

Lorsque deux ou plusieurs personnes font un contrat et que l'avantage recherché par chacune des parties ou seulement l'une d'elles est soumis à une chance, le contrat n'est plus commutatif, il est *aléatoire.*

Le contrat *de bienfaisance* est celui qui est fait pour l'avantage et l'utilité pécuniaires de l'une des parties seulement.

Le contrat *à titre onéreux* est défini par le Code, « celui qui assujettit chacune des parties à donner ou à faire quelque chose ». Cette définition est inexacte. Il faudrait dire en effet que tout contrat à titre onéreux est synallagmatique; or, il n'en est pas ainsi. Le prêt à intérêt est un contrat onéreux, il n'est pourtant pas synallagmatique, puisqu'il n'oblige que l'une des parties, l'emprunteur.

Nous venons de donner les définitions de différents contrats dans l'ordre du Code. Ce n'est pas cette marche que le législateur aurait dû suivre. L'article 1104 définit les contrats *commutatifs* et *aléatoires*, et dans les articles 1105 et 1106 nous trouvons la définition des contrats *de bienfaisance* et *à titre onéreux.* Il semble que les définitions de ces derniers contrats auraient dû précéder celle des contrats *commutatifs* et *aléa-*

*toires*, qui ne sont qu'une subdivision des contrats à titre onéreux.

Les contrats, en outre des divisions dont nous venons de parler, se divisent encore en *nommés* et *innommés*, en *principaux* et *accessoires*, en *solennels* et *non solennels*. Nous ne nous étendrons pas davantage sur ces derniers contrats. Qu'il nous suffise de dire que ces contrats, « soit qu'ils aient une dénomination propre, soit qu'ils n'en aient pas, sont soumis à des règles générales » aux autres contrats.

Les règles particulières à certains contrats sont établies sous les titres relatifs à chacun d'eux ; et les règles particulières aux transactions commerciales sont établies par des lois relatives au commerce.

---

## CHAPITRE II

Pothier, dans l'ancien droit, distinguait trois choses dans les contrats :

1° Les choses *essentielles* ;
2° Les choses *naturelles* ;
3° Les choses *accidentelles*.

Il subdivisait les premières en choses essentielles à tout contrat et en choses essentielles à certains contrats.

Les rédacteurs du code civil n'ont pas jugé à propos de reproduire cette division ; ils ne se sont occupés ni des choses naturelles qui sont comme la conséquence des conventions, sauf stipulation contraire, ni des choses accidentelles qui résultent de la volonté formellement exprimée par les parties et qui sont une dérogation aux principes généraux.

Quant aux choses essentielles qui sont la condition *sine qua non* de toute convention, il leur est consacré tout un chapitre du Code, et l'article 1108 nous apprend qu'il y a quatre conditions essentielles à la validité des contrats :

1° Le consentement de la partie qui s'oblige,

2° La capacité de contracter,

3° Un objet certain qui forme la matière de l'engagement,

4° Une cause licite dans l'obligation.

On a critiqué le mot *essentielles* employé par notre article. C'est à tort, et il n'y a aucun reproche à faire sous ce rapport à la rédaction du Code. L'article 1108, en effet, nous indique les conditions essentielles et indispensables, non pas pour *l'existence* d'une convention, mais pour sa *validité*. Par exemple, un contrat pourra se former malgré l'incapacité d'une des parties, mais il ne sera pas valable à l'égard de cette partie.

La première condition nécessaire pour la validité des contrats est le *consentement de la partie qui s'oblige*.

Quelques personnes critiquent cette formule de la loi et voudraient qu'on y ajoute : *et de celle envers laquelle on s'oblige;* car il n'y a pas de contrat, même unilatéral, sans la volonté des deux parties. Cette critique est mal fondée. Que signifie en effet le mot consentement, si ce n'est un concours de volontés. Pour qu'il y ait consentement, il faut une proposition d'un côté et une adhésion de l'autre. Par conséquent, une personne qui est seule à vouloir ne consent pas.

Un point plus délicat encore que le précédent est de savoir s'il suffit, pour la formation d'un contrat, que les offres soient acceptées en temps utile, ou s'il faut que l'acceptation soit parvenue à la connaissance du proposant.

Du moment que la volonté d'une des parties est exprimée ou manifestée, il me semble qu'elle doit être considérée en droit comme existante, bien que sa manifestation ne soit pas encore parvenue à l'autre partie. Si on admettait le contraire, il y aurait une difficulté et une perte de temps considérable dans cette nécessité, pour chaque partie, de savoir la pensée actuelle de l'autre.

Il en est différemment en matière de donations, mais c'est là une exception qu'il faut bien se garder de généraliser.

La seconde condition nécessaire pour la validité des contrats, c'est *la capacité de la partie qui s'oblige*.

Il résulte donc que si l'incapable ne s'oblige pas, il peut toujours stipuler, obliger les autres à son profit et rendre ainsi sa condition meilleure. Il y a bien mieux encore ; supposons qu'un incapable ait figuré dans un contrat synallagmatique et se soit obligé envers une personne capable, le contrat sera vicié par le fait de l'incapable. Mais il n'en sera pas moins vrai que ce contrat, quelque vicieux qu'il soit, obligera le capable sans obliger l'incapable, qui pourra toujours exciper de son incapacité (sauf le cas de ratification postérieure) parce que cette faveur est établie pour lui.

Remarquons que cette incapacité n'est pas un obstacle à la formation du contrat, mais seulement à sa validité, et son absence ne donne lieu qu'à une annulation qui peut être demandée pendant un délai de dix ans à partir de la cessation de l'incapacité, sauf pour le cas d'interdiction légale où la nullité est absolue parce qu'elle est prononcée contre l'incapable lui-même.

La troisième condition nécessaire pour la validité du contrat est *un objet certain qui forme la matière de l'engagement*.

Rien de plus raisonnable en effet que cette condition, et comment concevoir une obligation sans objet ! La loi va plus loin, elle veut que cet objet soit certain. Or, qu'est-ce qu'un objet certain ?

L'article 1129 nous dit que c'est un objet déterminé, au moins quant à son espèce, et dont la quotité peut être incertaine pourvu qu'elle puisse être déterminée.

Le contrat par lequel je m'engage à vous livrer un animal est nul, parce que l'objet de l'obligation n'est déterminé ni dans son individu ni dans son espèce. Il n'en est pas de même si je m'engage à vous livrer un cheval ou à vous fournir votre provision de vin pour l'année. Le genre et la quotité se trouvant déterminés, je suis engagé et notre obligation est valable.

Bien entendu, le contrat n'est pas valable si l'objet, quoique certain est contraire, aux lois ou aux bonnes mœurs.

La quatrième et dernière condition est *une cause licite de l'obligation.*

Il ne s'agit pas ici de la *cause* médiate qui détermine une personne à faire telle convention, par exemple, à vendre une maison parce qu'elle a besoin d'argent et qu'elle veut se lancer dans des spéculations financières. La loi n'a pas à s'occuper de ces considérations, ce qu'elle a en vue c'est seulement le motif immédiat qui constitue la cause juridique de l'obligation.

Lorsque je vends une maison, en échange de l'obligation où je suis de livrer ma maison, l'acheteur à qui je cède mes droits contracte l'obligation de me payer une somme d'argent déterminée. Cette obligation de l'acheteur est la cause immédiate qui m'a déterminé à agir et c'est celle dont s'occupe la loi.

Maintenant la loi n'a pas à s'occuper davantage si la cause première qui, en fait, m'a déterminé à contracter a tel ou tel caractère, c'est seulement dans la cause immédiate de l'obligation qu'elle peut exiger qu'il n'y ait rien d'illicite.

Dans les contrats synallagmatiques, c'est toujours l'obligation d'une des parties qui est la cause de l'autre, d'où pour chaque contrat deux causes et deux objets. Dans le contrat unilatéral, l'obligation a sa cause soit dans l'obtention de l'avantage quelconque procuré par l'autre partie, ou dans le désir de l'une des parties de rendre service à l'autre.

Les quatre conditions essentielles à la validité des contrats n'ont pas toute la même influence. Ainsi, l'absence absolue de consentement, d'objet ou de cause rendent le contrat nul. Le défaut de capacité (au moins en général) le rend seulement annulable.

Établissons maintenant la distinction qui existe entre le contrat nul et le contrat annulable.

Le contrat nul n'a aucune existence, il manque de se former et ne peut produire aucun effet civil. Par conséquent, 1° la nullité peut être invoquée par toute personne ; 2° elle n'est susceptible d'aucune ratification, car on ne ratifie pas le néant ; 3° l'action qui résulte de cette nullité est imprescriptible.

Quant au contrat annulable, il existe et la loi le reconnaît, à la condition que l'incapable n'ait pas laissé passer plus de dix ans sans l'attaquer à partir de la cessation de l'incapacité, et que les personnes que la loi a limitativement énumérées aient voulu s'en prévaloir.

## SECTION I

### Du Consentement

Il n'y a point de consentement valable, nous dit l'article 1109, si le consentement n'a été donné que par erreur, ou s'il a été extorqué par violence ou surpris par dol. Il y a donc trois vices qui peuvent affecter le consentement d'une personne capable de s'obliger : *erreur, violence, dol.*

Comme nous le voyons, il ne s'agit pas du défaut de consentement, cas où l'obligation n'aurait pas pu se former, mais seulement des cas où le consentement réellement donné se trouve affecté d'un vice qui permet de le révoquer. La loi nous présente comme pouvant rendre le consentement insuffisant trois causes diverses : l'erreur, la violence, le dol. Mais au fond, la loi ne considère pas le dol comme un vice proprement dit du consentement, mais plutôt comme une cause donnant lieu à une obligation personnelle de dommages et intérêts ; en sorte que c'est un vice purement relatif.

Nous verrons tout à l'heure qu'un autre vice réel et absolu du consentement se trouve dans la lésion.

## § I. — De l'erreur.

L'erreur est une croyance qui n'est point conforme à la vérité.

Elle produit trois effets principaux suivant qu'elle porte sur différentes parties du contrat. Tantôt elle rend le contrat *nul* seulement, tantôt elle le rend *annulable* seulement. Dans certains cas, elle n'empêche pas le contrat de valoir.

L'erreur peut porter :

1° Sur la nature de la convention ;
2° Sur l'objet de la convention ;
3° Sur le motif qui détermine à contracter ;
4° Sur les qualités substantielles de l'objet ;
5° Sur la personne avec laquelle on contracte.

L'erreur, avons-nous dit, peut porter sur la nature elle-même du contrat. Comme alors il n'y a pas eu entre nous accord d'idées, rencontre de volontés, comme nous ne nous sommes entendus, le consentement fait absolument défaut ; dès lors le contrat est *nul*.

L'erreur sur l'objet est encore une cause de nullité du contrat, tant il est évident que si on n'est pas d'accord sur l'objet, il ne peut pas y avoir de contrat valable.

L'erreur sur le motif qui a amené à contracter ne vicie pas le contrat. Si le contraire était admis, le commerce serait absolument impossible. Toutefois si l'erreur sur le motif est le résultat d'un dol pratiqué par l'un des contractants, elle devient une cause de nullité.

L'erreur annule la convention lorsqu'elle tombe sur les qualités substantielles de la chose que les contractants ont eue principalement en vue.

Quant à l'erreur sur la personne, il faut distinguer si la considération de la personne est entrée pour quelque chose dans la convention.

Dans ce cas, le contrat est annulable.

Si au contraire il est démontré que la personne qui attaque le contrat eût traité avec toute autre personne, le contrat subsiste.

§. II. — De la violence.

La violence est une cause de nullité par quelque personne qu'elle ait été exercée contre celui qui a contracté l'obligation.

La violence ne détruit pas à proprement parler le consentement, elle en altère seulement la substance. Il résulte donc que le contrat consenti sous l'empire de la violence n'est pas nul, mais seulement annulable.

La violence est jugée avoir ce caractère, et par suite elle est une cause de nullité de contrat, lorsqu'elle est de nature; nous dit l'article 1112, à faire impression sur une personne raisonnable, et qu'elle peut lui inspirer la crainte d'exposer sa personne ou sa fortune à un mal considérable et présent. On a égard en cette matière à l'âge, au sexe et à la condition des personnes.

La crainte révérentielle n'est à aucun degré une raison suffisante pour entraîner la nullité d'un contrat pour cause de violence.

On peut influer sur notre volonté en nous inspirant des craintes non-seulement pour nous-mêmes, mais encore pour les personnes qui nous sont chères. Ce sera au juge à apprécier le degré d'affection que nous avions pour la personne menacée du danger, et à déterminer ainsi jusqu'à quel point notre peur a pu influer d'une manière sérieuse sur notre volonté.

Néanmoins la loi a déterminé certaines personnes à l'égard desquelles notre affection ne doit pas être contestée, ce sont : l'époux, l'épouse, les descendants ou ascendants de la personne qui a contracté.

### § III. — Du dol.

Le dol consiste dans les manœuvres frauduleuses dont le but est d'induire le contractant en erreur.

Le dol n'est une cause de nullité que quand son auteur est celui-là même qui a contracté.

Il n'en est pas de même de la violence ; on n'en recherche pas l'auteur pour savoir si dans ce cas le contrat est nul ou valable.

On s'est bien souvent demandé la raison de cette différence entre le dol et la violence. Les uns ont dit que si la violence n'était point toujours une cause de nullité, la victime de cette violence se trouverait réduite à une action en dommages et intérêts contre l'auteur lorsqu'il serait autre que le contractant.

On a dit que cette action serait complétement inefficace contre les gens qui commettent des violences parce qu'ils sont la plupart du temps insolvables ; tandis que ceux qui emploient des manœuvres frauduleuses sont quelquefois très riches, et la victime du dol trouverait un remède suffisant au dommage qu'elle éprouve dans une action en dommages et intérêts contre l'auteur même de ce dol.

Cette raison ne nous satisfait point et nous ne voyons pas une corrélation nécessaire entre la fortune des personnes et l'emploi des moyens frauduleux ou violents dont elles se servent pour s'enrichir.

Nous préférons soutenir qu'il faut rechercher la cause de cette distinction dans le reproche que l'on peut faire à la victime d'un dol de s'être laissé tromper, tandis qu'il n'y a rien à reprocher à la victime d'un acte de violence.

Cette dernière doit donc être restituée contre toutes les conséquences d'un fait qui ne lui est pas imputable, mais la victime du dol ne saurait avoir d'autres actions qu'un recours en dommages et intérêts contre l'auteur du dol.

Si l'auteur de ce dol est le cocontractant lui même, les meilleurs dommages et intérêts qu'il puisse donner sont de ne pas réclamer l'exécution du contrat, ce qui prévient toute espèce de dommages causés et dispense dès lors de le réparer.

### § IV. — De la lésion.

La lésion est le préjudice qu'éprouve l'une des parties dans un contrat à titre onéreux. Elle n'est pas à proprement parler un vice du consentement. Elle est plutôt le résultat d'une erreur qui fait qu'on a vendu sa chose à un prix moindre qu'on ne l'estimait, et comme il est très rare que dans une convention l'une des parties reçoive l'équivalent absolu de ce qu'elle procure à l'autre, la loi n'a pas jugé à propos d'admettre que le fait de la lésion suffirait pour rendre le contrat annulable.

En principe donc, la lésion n'est point si énorme qu'elle soit une cause de rescision de contrat. La partie qui l'a soufferte est en faute. C'était à elle à bien réfléchir avant de s'engager.

Par exception, la lésion est considérée comme un vice du consentement et par suite comme une cause de rescision dans certains contrats et à l'égard de certaines personnes.

Qu'on songe en effet au trouble qui serait apporté dans la société si la lésion devait rescinder les contrats! Les affaires deviendraient impossibles, car souvent le contrat de la veille pourrait être attaqué le lendemain.

Comme nous venons de le dire, la loi ne considère donc la lésion comme une cause de nullité que dans *certains contrats.*

Ces contrats sont *la vente* et *le partage.*

Pour ce qui est de la vente, il faut :

1° Qu'il s'agisse d'une vente d'immeubles;

2° Que la lésion soit de plus des sept douzièmes;

3° Que la lésion ait été éprouvée par le vendeur.

Bien entendu l'acquéreur, lorsque l'action en rescision sera admise, pourra garder l'immeuble en payant le supplément du juste prix, sous la déduction du dixième du prix total.

Pour ce qui est du partage, il faut :

Que la lésion soit de plus du quart.

Peu importe que le partage soit d'une communauté, d'une société ou d'une succession, qu'il ait lieu en justice ou par acte extrajudiciaire ; que ce soit un majeur ou un mineur qui ait éprouvé la lésion, la loi ne distingue pas.

La lésion, avons-nous dit, est une cause de rescision des contrats à l'égard de certaines personnes, c'est-à-dire à l'égard des mineurs. Quant à eux, tous les contrats, ventes de meubles ou d'immeubles, partages, échanges....., sont rescindables pour cause de lésion si faible que soit le préjudice éprouvé.

---

## SECTION II

### De la capacité des parties contractantes

Toute personne peut contracter si elle n'en est pas déclarée incapable par la loi.

Les incapables sont :

1° Les mineurs ;

2° Les interdits ;

3° Les femmes mariées.

I. — La loi divise les mineurs en deux classes : la première comprend les mineurs non émancipés ; la seconde les mineurs émancipés.

Les mineurs non émancipés sont représentés par un tuteur dans tous les actes civils. Le tuteur gère pour eux ; mais par une fiction de droit, c'est le mineur qui est réputé avoir fait en temps de capacité tous les actes que son tuteur fait pour lui, pourvu qu'ils soient faits dans la limite de ses pouvoirs.

Dans la personne du mineur, en effet, se réalisent activement et passivement tous les effets des conventions qui ont été faites en son nom.

Toutefois, dans deux actes, son mariage et son contrat de mariage, le mineur n'est qu'assisté de son tuteur.

Aux mineurs émancipés, la loi donne un curateur. Ce dernier ne fait que les assister, et cette assistance n'est même pas toujours nécessaire, car les émancipés peuvent administrer leurs biens et disposer de leurs revenus.

II. — La loi divise encore les interdits en deux classes :

Les uns sont frappés d'une semi-interdiction et sont pourvus d'un conseil judiciaire ;

Les autres sont frappés d'une complète interdiction et ont un tuteur qui les représente.

Il existe cependant des différences entre le mineur et l'interdit.

Le mineur de quinze ou dix-huit ans, selon le sexe, peut se marier. L'interdit ne le peut pas.

Le mineur peut tester, l'interdit ne le peut pas.

Un mineur demande-t il la rescision d'un contrat ? Il a seulement à prouver qu'il a contracté pendant sa minorité et que le contrat qu'il attaque lui a causé un préjudice. Quant aux actes faits par les faibles d'esprit et les prodigues seuls et qui leur sont permis, ils sont valables.

III. — Enfin, les femmes mariées sont incapables de faire, sans l'autorisation de leur mari ou de justice, les actes que ne comporte pas la libre administration de leurs biens ; leur capacité peut même se trouver encore restreinte par leur contrat de mariage.

Remarquons que l'incapacité de la femme mariée n'est point une incapacité absolue. En effet, la femme mariée, marchande publique ou séparée de biens, peut faire tous les actes qui concernent son commerce ou l'administration de sa fortune.

*Sont encore incapables,* nous dit la loi, *tous ceux à qui la loi interdit certains contrats.*

La loi entend parler ici de certaines personnes qui, entièrement capables selon le droit commun, sont devenues incapables par suite de certaines relations vis-à-vis de certains actes ou de certaines personnes. Par exemple, le tuteur ne peut pas acheter les biens de son mineur. Le mari ne peut pas acheter ceux de sa femme ni la femme ceux de son mari.

Les actes faits par ces différentes classes d'incapables ne sont pas nuls ; ils ne sont qu'annulables, et la nullité résultant de l'incapacité est purement relative et établie dans l'intérêt de l'incapable, à qui la loi laisse le choix de tenir pour bon le contrat qu'il a fait en état d'incapacité ou de le faire annuler.

Bien entendu l'incapable qui fait annuler le contrat devra rendre les sommes ou les objets qu'il a reçus ; mais s'il les a dissipés en folles dépenses, il n'aura rien à rendre. Tout ce que veut la loi, c'est qu'il ne s'enrichisse pas aux dépens d'autrui.

---

## SECTION III

### De l'objet et de la matière des contrats.

Tout contrat, nous dit l'article 1126, a pour objet une chose qu'une partie s'oblige à donner, à faire ou à ne pas faire.

La loi parle ailleurs de l'objet des obligations, de l'objet des conventions. On pourrait croire que c'est à dessein qu'elle parle ici de l'objet des contrats ; mais il n'en est rien ; cette différence de rédaction n'est qu'une variante de style. En effet, le contrat ayant pour but une ou plusieurs obligations, il est évident qu'il a forcément pour objet ce qui fait l'objet de l'obligation à laquelle il donne naissance.

Le contrat peut avoir pour objet soit une *chose* proprement dite, soit un *fait*, soit le *simple usage*, soit la *simple possession* d'une chose,

La loi aurait très bien pu se dispenser de nous dire cela. Il suffit en effet que ce à quoi vous vous obligez puisse m'être utile pour donner naissance à une obligation.

Toutefois les choses qui ne sont pas dans le commerce ne peuvent pas être l'objet de conventions.

Nous trouvons six classes de choses qui sont hors du commerce :

1° Les choses qui ne sont pas dans la nature : la promesse de livrer un animal qui n'existe pas ne pourrait avoir aucun effet.

2° Les faits physiquement impossibles, prendre la lune avec ses dents, par exemple.

3° Les faits illicites qu'on désigne quelquefois comme moralement ou légalement impossibles.

4° Les choses du domaine public, c'est-à-dire les routes, les églises, les fleuves. Cependant, serait valable la promesse de faire tomber ces biens dans le domaine privé, et de les procurer à ce titre à son cocontractant sous l'obligation personnelle de dommages et intérêts.

5° Les personnes et tout ce qui concerne leur état civil. Une personne ne peut pas se vendre à une autre. Un père ne peut pas, par convention, renoncer à ses droits de puissance paternelle.

6° Enfin les successions futures.

La loi a établi cette dernière prohibition pour plusieurs motifs :

1° Celui qui traite sur une succession qu'il espère, ne traite pas en connaissance de cause, car il lui est impossible d'apprécier le droit éventuel dont il dispose.

2° Une semblable convention est dangereuse puisqu'elle intéresse le tiers à la mort d'une personne qui lui est étrangère.

3° Elle est immorale, puisqu'elle contient de la part des contractants le *votum mortis*.

Cette troisième prohibition est une dérogation à notre ancienne jurisprudence ; et notre article veut que contrairement au Droit romain, de pareilles stipulations ne deviennent pas même possibles par l'assentiment du *De cujus*.

Toutefois, les choses futures, à l'exception des successions, peuvent être l'objet d'une obligation.

Un objet peut-être déterminé plus ou moins, il peut l'être :

1° Quant à l'individu ;

2° Quant à l'espèce ;

3° Quant au genre.

Quand l'objet est déterminé quant à son espèce ou quant à son individu, l'obligation est valable.

S'il ne l'est que quant au genre, l'obligation cesse de l'être.

C'est ici le lieu de mentionner les différences entre les expressions : *objets certains* et *corps certains*.

Le *corps certain* est l'objet déterminé quant à son individu.

L'objet certain est déterminé quant à son espèce. Les obligations qui reposent sur l'une ou sur l'autre de ces espèces sont valables également, mais différentes quant à leurs effets.

1° La convention par laquelle l'une des parties s'engage à transférer la propriété d'une chose est par elle-même, lorsqu'elle a pour objet un *corps certain*, translative de propriété. Lorsqu'au contraire la chose sur laquelle les parties ont contracté n'est qu'un *objet certain*, la propriété n'en est transférée qu'après coup par la tradition qui individualise la chose promise.

2° L'obligation de *corps certain* s'éteint par la perte de la chose due. L'obligation d'objets certains subsiste dans le même cas ; les genres ne périssent pas.

La quotité de la chose qui fait l'objet de l'obligation doit être également déterminée, nous dit le deuxième alinéa de l'article 1129.

Toutefois un chiffre exact n'est pas nécessaire, il suffit que le contrat renferme implicitement un moyen de détermination.

## SECTION IV

### De la Cause.

La *cause* de l'obligation est *ce pourquoi l'on s'oblige*, c'est-à-dire le but immédiat de l'engagement ; c'est l'avantage que procure l'une des parties à l'autre dans les contrats à titre onéreux, et le désir de rendre service dans les contrats de bienfaisance.

La cause est un des éléments essentiels d'une obligation. Si le contrat est synallagmatique, chacune des obligations sert de cause à l'autre ; s'il est unilatéral, la cause de l'obligation consiste dans l'acquisition du bénéfice que le créancier procure à l'obligé.

Le Code déclare l'obligation dépourvue de tout effet dans trois cas :

1° L'obligation sans cause ;

2° L'obligation sur fausse cause ;

3° L'obligation sur cause illicite.

Il ne peut pas y avoir de promesse sans cause, à moins qu'elle ne soit faite par un fou.

Mais une obligation qui a une cause dans le présent peut ne plus en avoir dans l'avenir. Ainsi une personne loue une maison pour trois ans, et elle brûle au bout de deux ; l'obligation du locataire de payer le loyer cessera évidemment pour défaut de cause dès le jour du sinistre.

Quand l'obligation est contractée sur fausse cause, avons nous dit, elle est également *nulle*.

Il y a obligation sur fausse cause quand la cause existe

bien dans la pensée du promettant, mais qu'elle n'a rien de réel vu l'erreur de celui-ci.

Toutefois, elle est seulement *annulable* si l'erreur ne porte que sur la substance de la cause au lieu de porter sur la cause elle-même. Vous avez cru acheter un tableau de Rubens, et le tableau n'est qu'une imitation.

Quand la cause est illicite, l'obligation est encore sans existence légale ; et elle est illicite quand elle est prohibée par la loi, contraire aux bonnes mœurs ou à l'ordre public.

La convention n'est pas moins valable, bien que la cause n'en soit pas exprimée, nous dit l'article 1132.

La loi entend évidemment ici parler de l'acte, sans cela sa disposition n'aurait aucune signification et viendrait détruire l'article 1131, ce qui n'est point présumable.

La disposition de cet article s'applique principalement aux contrats synallagmatiques, où chacune des obligations sert de cause à l'autre.

Quant aux contrats unilatéraux, il peut en être différemment : l'acte qui les constate, tout en indiquant l'obligation, peut en omettre la cause.

Le billet non causé, par exemple, est-il valable, et peut-il faire preuve en justice ? Cette question était agitée dans l'ancien droit. Le Code la résout affirmativement.

Ce système est admis, il est vrai, lorsque l'écrit porte : « *Je reconnais devoir.....* », parce que dans la reconnaissance se trouve une cause valable de l'obligation. Mais quand le billet porte : « *Je payerai, je promets payer,* » la question de savoir si c'est au créancier à prouver qu'il existe une cause véritable, ou au débiteur à prouver qu'il n'en existe pas, est vivement controversée. Je crois cependant qu'il faut la résoudre en faveur du créancier.

# SECTION V

## De l'effet des contrats à l'égard des personnes qui n'y sont pas intervenues.

Nous réunissons dans cette section les articles du Code qui ont trait aux effets de la stipulation ou de la promesse pour autrui;

1° On ne peut pas stipuler pour autrui.

Nul doute cependant que si je stipule pour autrui, je ne puisse rendre autrui créancier. Ainsi un mandataire ou même un simple gérant d'affaires rend immédiatement le *créancier mandant* le *dominus rei* en stipulant pour lui.

Quel est donc le sens de notre article? la loi veut dire qu'on ne peut pas devenir soi-même créancier en stipulant pour autrui.

Pourquoi cela? parce qu'on n'a aucun intérêt à l'exécution de cette stipulation, et que là où il n'y a pas d'intérêt, il n'y a pas d'action.

C'est là la seule raison qui empêche le stipulant de devenir créancier quand il stipule pour autrui, car aussitôt que l'intérêt vient à se produire, aussitôt qu'une sanction de l'obligation est possible, immédiatement la créance naît et se trouve parfaitement valable ainsi, et le Code le constate lui-même. Si la stipulation pour autrui est la condition d'un contrat que je fais avec un tiers, l'inexécution de la promesse qui m'a été faite me permettant de me soustraire moi-même à mes propres obligations, aux termes des articles 953 et 1184 du Code civil, la stipulation pour autrui est parfaitement valable.

Il est clair que quand j'ai stipulé pour autrui, on doit toujours supposer que mon intention a été de rendre autrui créancier, car on doit toujours croire qu'une personne, en faisant un acte, doit vouloir le faire valable plutôt que de penser qu'elle en a voulu faire un qui fût sans intérêt.

2° On ne peut pas promettre pour autrui.

On ne peut pas rendre autrui débiteur sans son consentement; sauf dans le cas de gestion d'affaires quand on a agi utilement pour lui.

Le promettant lui-même ne devient pas débiteur parce qu'il n'a pas promis de faire quelque chose.

Cette intention de se rendre débiteur ne se manifeste, suivant le Code, que quand le promettant se porte fort pour autrui. Dans ce cas là seulement, si autrui ne s'oblige pas, on devra indemniser celui à qui on a donné cette assurance qu'il s'obligerait.

La loi nous dit enfin que les conventions ne doivent ni nuire ni profiter aux tiers; elles nuisent et profitent au contraire à nos ayants-cause.

On entend par *ayants cause* tous ceux qui ont acquis des droits réels postérieurement à la convention. Les tiers sont ceux avec qui nous n'avons jamais contracté ni eu aucun rapport juridique.

---

## CHAPITRE III

### Qui peut acheter ou vendre.

Aux termes de l'article 1123, comme nous l'avons déjà vu, toute personne peut contracter si elle n'en est déclarée incapable par la loi; et sont déclarés incapables par la loi (article 1124) les mineurs, les interdits, les femmes mariées dans les cas exprimés par la loi, *et généralement tous ceux à qui la loi interdit certains contrats.*

Nous nous trouvons en face d'une de ces incapacités dont parle l'article 1124 *in fine*.

Dans ce chapitre, nous étudierons les incapacités relatives au contrat de vente. En cette matière, la capacité est la règle, l'incapacité l'exception, ainsi que le prouve l'article 1594 : « *Tous ceux auxquels la loi ne l'interdit pas peuvent vendre ou acheter.* » Quant aux personnes incapables, nous les diviserons en trois classes, dont l'étude fera la matière du présent chapitre.

Première classe d'incapables. — Des ventes entre époux. — Le code a prohibé les ventes entre époux pour empêcher qu'au moyen de ventes simulées les conjoints ne puissent : 1° se faire des donations irrévocables et excédant la quotité disponible ; 2° changer après la célébration du mariage leurs conventions matrimoniales ; 3° léser les droits de leurs créanciers en faisant passer les droits de l'un dans le patrimoine de l'autre.

Après avoir, dans l'article 1595, posé le principe de l'incapacité des époux en matière de vente, la loi, dans le même article, y fait trois exceptions.

1° Lorsque deux époux sont séparés judiciairement et que la liquidation est terminée, celui des deux qui est reliquataire envers l'autre peut abandonner à son conjoint, pour le remplir de ses droits, un immeuble qui lui est propre.

2° Un mari même non séparé est débiteur envers sa femme de créances susceptibles d'un remboursement actuel, tel que le remploi de ses immeubles aliénés ou de deniers à elle appartenant. Il pourra dans ce cas (le mari seul jouit du bénéfice de cession) lui céder un de ses immeubles en paiement, pourvu toutefois qu'ils ne tombent pas en communauté.

3° Une femme a promis une somme en dot à son mari ; ne pouvant se libérer, elle lui abandonne un immeuble. Telle est l'espèce qui constitue notre troisième et dernière exception.

Remarquons que le Code aurait dû remplacer les derniers mots du troisième alinéa de l'article 1595 : « *et lorsqu'il y a exclusion de communauté* » par ceux-là ; *et lorsqu'il y a régime dotal;* car le régime dotal est le seul dans lequel d'habitude tous les biens de la femme ne sont pas dotaux.

L'interprétation des derniers mots de l'article 1595, « *sauf dans ces trois cas, les droits des héritiers des parties contractantes, s'il y a avantage indirect* », ont soulevé deux systèmes. Quelques auteurs soutiennent, en effet, que cette mesure s'applique à tous les héritiers, et d'autres qu'elle ne s'applique qu'aux héritiers réservataires.

DEUXIÈME CLASSE D'INCAPABLES. — Article 1596 : « Ne peu- » vent se rendre adjudicataires, sous peine de nullité, ni par » eux-mêmes, ni par personnes interposées :

» Les tuteurs, des biens de ceux dont ils ont la tutelle,

» Les mandataires, des biens qu'ils sont chargés de vendre,

» Les administrateurs, de ceux des communes ou des éta- » blissements publics confiés à leurs soins,

» Les officiers publics, des biens nationaux dont les ventes » se font par leur ministère. »

On ne peut étendre par analogie la prohibition aux subrogés-tuteurs, curateurs et conseils judiciaires, car les exceptions sont de droit strict.

La loi n'a pas voulu placer ces personnes dans l'alternative de sacrifier leur intérêt qui est d'acheter à bas prix, à leur devoir qui est de vendre le plus cher possible.

TROISIÈME CLASSE D'INCAPABLES. — Article 1597 : « Les ju- » ges, les magistrats, remplissant le ministère public, les » greffiers, huissiers, avoués, défenseurs officieux et notaires » ne peuvent devenir cessionnaires des procès, droits et ac- » tions litigieux qui sont de la compétence du Tribunal dans » le ressort duquel ils exercent leurs fonctions, à peine de » nullité et des dépens, dommages et intérêts. »

Cette nullité est absolue et d'ordre public, le cessionnaire, le cédant, le cédé, ainsi que tous les tiers intéressés peuvent en demander la nullité.

## CHAPITRE IV

### Des choses qui peuvent être vendues.

Tout ce qui est dans le commerce, nous dit l'article 1598, peut être vendu, lorsque des lois particulières n'en ont pas prohibé l'aliénation.

Les choses *extra commercium* sont celles qui ne peuvent entrer dans la propriété privée; telles sont les choses du domaine public de l'État, du département ou de la commune.

Le principe que tout ce qui est dans le commerce peut faire l'objet d'une vente s'applique même aux choses futures. Ainsi on peut vendre une récolte avant qu'elle soit mûre. Dans ce cas, le contrat peut être tout à la fois commutatif et aléatoire, ou tout simplement aléatoire. Je vous vends la récolte à venir; si elle manque totalement, la vente sera nulle faute d'objet; si je vous vends la chance de la récolte, la vente sera valable quoiqu'il arrive. D'ailleurs, le prix est le plus souvent l'indice de la volonté des parties.

Bien qu'en général la vente des choses futures soit valable, la vente de la succession d'une personne vivante est cependant défendue, même lorsque celle ci donne son consentement. Nous en avons donné les motifs chapitre II, section III.

Des lois particulières ont aussi défendu la vente de certaines choses, bien qu'elles soient dans le commerce. Ainsi est prohibée la vente des blés en vert (loi des 6 et 23 messidor an III); des armes et des effets d'équipement militaire (lois des 19-22 juillet 1792 et loi du 28 mars 1793); des remèdes secrets (loi du 20 germinal an II, et décrets du 18 août 1810 et 3 mai 1852); du gibier pendant le temps où dans chaque département la chasse est prohibée (loi du 3 mai 1844).

Enfin il est des choses telles que la poudre, le tabac, les cartes à jouer, les substances vénéneuses, etc..., qui ne peuvent être vendues que par certaines personnes déterminées.

Nous terminerons maintenant l'exposé de ce chapitre par l'étude de la vente de la chose d'autrui et des effets produits par la perte totale ou partielle de l'objet vendu.

En droit romain, la vente de la chose d'autrui était valable parce que la vente ne produisait que des obligations. Or, promettre d'aliéner une chose qu'on n'a pas actuellement est en soi très valable et très licite.

Il n'en est pas de même en droit français ; la vente de la chose d'autrui est radicalement nulle et non pas seulement annulable, parce que la vente est un contrat translatif de propriété. Cette nullité peut être opposée tant par le vrai propriétaire contre l'acheteur que par celui-ci contre le vendeur. Et l'acheteur qui a été mis en possession sachant que l'objet à lui vendu n'appartenait pas au vendeur, peut réclamer la nullité de la vente, bien qu'il n'ait éprouvé aucun trouble.

Que dire du vendeur lorsqu'il a vendu la chose d'autrui ?

1° *La chose vendue n'a pas encore été livrée.* — L'acheteur vient demander la livraison, le vendeur est en droit de la lui refuser, peu importe qu'il soit de bonne ou de mauvaise foi. Tout ce que les tribunaux peuvent faire pour l'acheteur c'est de lui accorder des dommages-intérêts en considération de sa bonne foi.

2° *La chose a été livrée.* — Le vendeur ne peut opposer la nullité de la vente pour se faire rendre la chose. Et cela pour deux motifs : le vendeur ne peut jamais évincer l'acheteur qu'il est tenu de garantir, *quem de evictione tenet actio eumdem agentem repellit exceptio.* De plus, n'ayant aucun droit sur la chose, comment agirait-il contre son acheteur ?

Quelle est la durée de l'action en nullité ? Pour le propriétaire, point de difficulté ; il peut agir tant que sa chose n'a pas été acquise par prescription de dix, vingt ou trente ans, suivant la bonne ou la mauvaise foi de l'acquéreur. Mais *quid* de l'acheteur dans ses rapports avec son vendeur ? Sur ce point les auteurs sont d'avis différents ; les uns ne voyant dans notre article qu'un cas d'annulabilité décident que l'action s'éteindra par dix ans, conformément à l'article 1304 ; les autres soutiennent que, la vente étant essentiellement nulle, l'acheteur pourra intenter son action pendant trente ans.

Qu'arrive-t-il si le vendeur est devenu propriétaire depuis la vente, ou si le vrai propriétaire a ratifié cette vente ? Dans un premier système, l'action en nullité de l'acheteur subsiste. Dans un second système, il y a translation immédiate de propriété au profit de l'acheteur.

Passons maintenant à l'étude des effets produits par la perte totale ou partielle de l'objet vendu dont la matière nous est fournie par l'article 1601.

Deux hypothèses sont prévues par cet article :

1° La chose vendue n'existe plus au moment de la vente ; dans ce cas, l'engagement du vendeur ne s'est pas formé faute d'objet, et celui de l'acheteur n'a pas pu naître faute de cause ; le contrat est donc inexistant ;

2° La chose n'est périe qu'en partie au moment de la vente. Dans ce cas, distinguons :

I. — Si l'acheteur a eu connaissance de la destruction partielle alors qu'il achetait, il ne peut ni se départir du contrat ni même demander une diminution du prix ; car il est réputé avoir reconnu que la chose valait encore le prix qu'il en donnait.

II. — L'acheteur au moment de la vente ignorait la destruction partielle. Cette circonstance procure à l'acheteur le choix ou de se départir du contrat, ou de se contenter d'une diminution proportionnelle du prix.

# POSITIONS

I. — La nullité pour cause de dol ne donne pas lieu à une action réelle que l'on puisse intenter contre un tiers acquéreur.

II. — Celui qui stipule pour autrui doit être présumé avoir stipulé dans l'intérêt d'autrui, et non dans le sien propre.

III. — Celui qui est interdit légalement peut demander lui-même la nullité de l'acte qu'il a fait contrairement à la loi.

IV. — Quand une personne qui s'est obligé en vertu d'une cause illicite a exécuté son obligation, elle peut répéter ce qu'elle a déjà payé.

V. — L'article 1595 ne défend entre époux que la vente du *datis in solutum* et *l'échange*, et non pas tous les contrats à titre onéreux comme dans l'ancien droit.

VI. — Tous les héritiers sans distinction peuvent agir à raison de l'avantage indirect résultant des ventes autorisées par l'article 1595.

VII. — La nullité de la vente de la chose d'autrui est absolue.

[illegible]

[illegible]

[illegible]

[illegible]

[illegible]

[illegible]

# PROCÉDURE CIVILE

---

## Des Jugements

### (Art. 116 à 148)

Dans un sens général, on appelle *jugement* toute décision d'un tribunal ou d'un juge sur les contestations qui lui sont soumises. Plus spécialement cette expression s'applique aux décisions des tribunaux inférieurs : justice de paix, tribunaux de commerce, tribunaux d'arrondissement. Le nom d'*arrêts* est toujours réservé aux décisions des Cours d'appel et de la Cour de cassation. Les arbitres rendent des *sentences*. L'*ordonnance* diffère des jugements, des arrêts et des sentences, en ce sens que ce n'est pas une décision rendue sur le fonds d'une affaire et par le tribunal tout entier, mais par le président d'un tribunal ou un juge le remplaçant.

Nous nous occuperons particulièrement des jugements, de leur formation, de leur rédaction, de leur signification et des divers incidents qui peuvent se présenter.

Art. 116. — Dans l'intérêt des plaideurs, les jugements doivent être rendus avec le plus de célérité possible. Ainsi, dans les affaires peu compliquées, lorsque les débats sont clos, le tribunal peut rendre son jugement sans désemparer ; mais dans certaines affaires cela n'est pas possible. Si les

juges croient devoir se consulter quelques instants, ils peuvent se retirer dans la salle du Conseil pour y recueillir les
avis. Alors, aussitôt que le jugement est formé, ils viennent
le prononcer à l'audience par l'organe du président.

Lorsque l'affaire est plus compliquée et qu'elle exige un
examen plus approfondi, le tribunal ne peut pas rendre immédiatement son jugement ; il renvoie le prononcé de ce jugement à une des prochaines audiences. C'est ce qu'on appelle
un *délibéré simple*.

Quelquefois, les juges à raison des complications et de l'é-
tendue de la cause, ne pouvant synthétiser dans leur esprit
par le seul souvenir des plaidoieries orales les raisons émises
à l'appui des prétentions rivales, feront résumer par l'un
d'eux les divers points développés à l'audience. C'est le *délibéré
sur rapport* prévu par les articles 93 et 94.

Enfin, lorsque l'affaire présente des calculs et des questions
de comptes, le tribunal pourra ordonner une *instruction par
écrit*. Dans ce cas, les parties pourront prendre des conclusions additionnelles, ce qu'elles ne peuvent pas faire lorsque
le *délibéré sur rapport* est ordonné.

L'article 116 nous dit encore que les jugements sont rendus
à la pluralité des voix, c'est-à-dire à la majorité absolue. Que
doit-on faire lorsqu'aucune des opinions émises ne réunit cette
majorité ? Les articles 117 et 118 répondent à cette question.

Art. 117. — Dans un tribunal composé de trois ou de cinq
juges, s'il ne se forme que deux opinions, il y aura une majorité, et le jugement pourra être prononcé. Supposons maintenant le cas d'un tribunal de cinq juges et trois opinions,
soit deux voix pour A, deux voix pour B et une voix pour C.
Qu'y aura-t-il à faire ? L'article 117 dit qu'il faudra aller aux
voix une seconde fois, et si le résultat est le même, le juge
qui est seul de son avis, sera tenu de se réunir à l'une des
deux opinions qui auront été émises par le plus grand nombre.

Art. 118. — Lorsqu'il se forme autant d'opinions qu'il y a

de juges, la prescription de l'article 117 ne suffit plus. L'article 118 nous donne un moyen. Pour vider la question, il faudra appeler un autre juge, à défaut de juge, un suppléant. S'il n'y a ni juge ni suppléant disponibles, la loi veut qu'on appelle un avocat attaché au barreau, et à son défaut un avoué. Les juge, suppléant, avocat ou avoué, ajoute l'article 118, seront appelés selon l'ordre du tableau. Cette clause a été introduite dans la loi pour que la partie qui aurait perdu son procès ne puisse pas soupçonner que tel suppléant, tel juge, tel homme de loi avait été appelé parce que son opinion était connue d'avance et que ce choix avait été déterminé par un motif étranger à l'affaire.

La loi veut en outre, pour éclairer la conscience du départiteur, que l'affaire soit de nouveau plaidée. Il n'y aurait guère lieu en effet d'espérer une décision rendue en pleine connaissance de cause de la part d'un départiteur qui n'a assisté aux débats que par hasard et en spectateur plus ou moins indifférent.

ART. 119. — Cet article et les deux suivants sont relatifs à certains moyens d'instruction. L'article 119 traite de la comparution personnelle. Dans l'ancien droit, les tribunaux ordinaires pouvaient seulement ordonner un interrogatoire sur faits et articles. La comparution personnelle était interdite aux tribunaux civils et exclusivement réservée aux juridictions commerciales. L'article 119 a fait cesser cette différence. Le but de la loi a été de permettre aux tribunaux d'obtenir la vérité de la bouche des parties elles-mêmes, pensant que ce serait un sûr moyen. La comparution personnelle est ordonnée par jugement et l'heure y est indiquée.

ART. 120. — Il existe en droit deux espèces de serment : le serment décisoire qui est déféré dans le cours d'une instance par une partie à l'autre, et le serment supplétoire qui est déféré d'office par le tribunal à l'une des parties.

Notre article est ainsi conçu : « Tout jugement qui ordon-

nera un serment énoncera les faits sur lesquels il sera reçu. »
En prenant ces mots à la lettre, on pourrait croire que pour
tout serment un jugement est nécessaire. Il n'en est pas ainsi.
Le serment d'office seul nécessite un jugement. Il faut en outre, lorsqu'il y a un jugement, qu'il énonce les faits sur lesquels
le serment sera reçu. Cette énonciation est essentielle à la
validité du jugement. D'ailleurs, sur quels faits jurerait-on si
cela n'était pas spécialement expliqué ?

Art. 121. — Cet article ne présente pas de difficultés. La
loi veut que le serment soit fait par la partie à laquelle il est
déféré. Ainsi est abrogée l'ancienne coutume qui permettait
de prêter serment par procureur. Et pour que le serment soit
prêté avec plus de solennité, il doit être prêté à l'audience.
Dans le cas d'empêchement légitime seulement, le tribunal
pourra commettre un de ses membres qui se transportera
chez la partie. Si le domicile de cette dernière est trop éloigné, le tribunal pourra ordonner qu'elle prêtera serment devant le tribunal du lieu de sa résidence.

Dans tous les cas, dit l'article 121, le serment sera fait en
présence de l'autre partie ou elle dûment appelée par acte
d'avoué à avoué. La loi a pensé que la présence de l'adver-
saire serait encore une garantie et une probabilité de plus
pour empêcher un parjure. Lorsque la partie contre laquelle
est déféré le serment n'a pas constitué avoué, elle y est appelée par exploit d'huissier contenant l'indication du jour de sa
prestation.

Art. 122. — Cet article et les trois suivants contiennent
des adoucissements que les tribunaux peuvent apporter dans
certains cas à la rigueur rapide des voies ordinaires d'exécution.

Nous allons examiner l'article 122 et le comparer à quelques articles du Code civil. L'article 1244 (Code civil) *in fine*
s'exprime ainsi : «..... Les juges peuvent néanmoins, en considération de la position de débiteur et en usant de ce pouvoir

avec une grande réserve, accorder des délais modérés pour le paiement et surseoir l'exécution des poursuites, toutes choses demeurant en état. » A prendre ce texte à la lettre, on serait porté à croire que les tribunaux peuvent dans tous les cas accorder des délais, mais il n'en est pas ainsi. Notre article 122 contribue à resserrer l'application de l'article 1244 (C. c.). En effet, il dit : « Dans le cas où les tribunaux peuvent accorder des délais *pour l'exécution de leurs jugements.* »

L'article 2112 (C. c.) prouve du reste assez ce que nous avançons. Il serait bien étrange qu'après avoir accordé aux tribunaux la faculté d'ordonner la suspension des poursuites contre les débiteurs, la loi, par un article spécial, trace des conditions à l'exercice d'un pouvoir qui leur appartiendrait, d'après l'article 1244, d'une manière absolue et illimitée.

Lorsque le tribunal accorde des délais au débiteur, il faut qu'ils soient accordés par le jugement même qui statue sur la contestation. Cela prouve encore qu'un tribunal ne peut jamais suspendre la force exécutoire d'un acte notarié ou d'un jugement qui n'émane pas de lui ou qu'il a rendu depuis un temps plus ou moins éloigné. Le jugement devra encore énoncer les motifs du délai. Cette omission n'entraînerait pas la nullité du jugement tout entier ; mais le délai de grâce que le tribunal aurait accordé au débiteur sans en faire connaître les causes serait non avenu, et il ne pourrait pas y être remédié, ainsi que nous venons de le voir, par un autre jugement.

Art. 123. — Le délai accordé par le tribunal n'a pas toujours le même point de départ. Le jugement est-il contradictoire ? Ce délai courra du jour du jugement. Est-il par défaut ? Il courra seulement du jour de la signification. La loi veut qu'il en soit ainsi dans ce dernier cas, parce que le débiteur n'ayant pas été représenté au procès, est censé ignorer le jugement qui lui accorde des délais.

Art. 124. — Lorsque les biens du débiteur sont vendus ou lorsque ce dernier est en état de faillite, il ne peut plus obtenir de délai, et, s'il lui en a été accordé, il ne peut plus en jouir. En effet, les biens d'un débiteur sont le gage commun de tous ses créanciers. Si ces biens ont été vendus à la requête d'un créancier, celui contre lequel le débiteur a obtenu un délai ne pourra plus rester dans l'inaction, cet état lui deviendrait préjudiciable. Il en est de même lorsque le débiteur est en état de faillite. Aux termes des articles 1188 (C. c.) et 444 (C. com.), la faillite entraîne contre le failli déchéance du terme que le créancier, par la loi même du contrat, lui avait volontairement accordé. A *fortiori*, doit-il y avoir contre lui déchéance du terme de grâce?

Le débiteur contumax, ne peut plus avoir recours au délai qu'il demande ou qu'il a obtenu. En effet, l'absence obstinée du débiteur placé sous le poids d'une accusation grave ôtent au créancier une bonne partie de ses garanties et font évanouir tous les motifs de faveur qui avaient autorisé le répit. Il faut appliquer la même déchéance pour les mêmes motifs au débiteur constitué prisonnier. Enfin, le débiteur qui a diminué les sûretés qu'il avait données à son créancier est dans le même cas que le débiteur contumax ou prisonnier.

Art. 125. — Bien que les juges aient accordé un délai, ils ne peuvent empêcher le créancier de faire les actes conservatoires qu'il jugera convenables pour sa créance, de prendre une inscription hypothécaire, par exemple.

Art. 126-127. — Ces deux articles avaient rapport à la contrainte par corps en matière civile. Ils n'ont plus aucune portée aujourd'hui, la contrainte par corps en matière civile et commerciale ayant été abolie par la loi du 28 mars 1867.

Art. 128. — Par cet article et quelques autres qui suivent, nous entrons dans un autre ordre d'idées. Il s'agit de certaines condamnations accessoires que peuvent en certains cas contenir les jugements. D'habitude, le jugement qui condamne à des dommages et intérêts en contient la liquidation. Toutefois, dans les affaires compliquées, il arrive que le tribunal rend deux jugements : l'un qui condamne à des dommages et intérêts sans entrer dans le fond de l'affaire pour que le créancier prenne ses sûretés; et l'autre qui en contient la liquidation.

Art. 129. — Nous diviserons notre article en trois catégories :

1° Le possesseur condamné à la restitution devra rendre en nature les fruits qu'il a perçus dans l'année qui a précédé le procès, parce qu'on suppose qu'il ne les a pas encore consommés. Toutefois, s'il les a consommés, il n'en devra que le prix moyen.

2° Le possesseur doit rendre en nature tous les fruits qu'il a perçus depuis le commencement du procès; s'il les a consommés, il devra en rendre la valeur au plus haut prix de l'année.

3° Les fruits qui ont été perçus dans les années qui ont précédé celle du procès devront être payés selon le prix moyen de chaque année.

Art. 130. — Les dépens sont les frais qu'un plaideur a été contraint de faire pour arriver à la reconnaissance, à la constatation de son droit. Il ne serait pas juste que celui qui gagne son procès ait à payer ces frais. D'ailleurs, dans les dépens, il n'y a aucun caractère de pénalité. C'est une dette comme une autre et rien de plus. Il y a cependant un cas où la partie gagnante doit payer les frais de l'instance, c'est lorsqu'elle plaide contre le ministère public.

Art. 131. — La loi, pour éviter de jeter dans les familles de nouvelles semences d'aigreur, n'a pas voulu que l'article 130 pût s'appliquer dans tous les cas à l'espèce contenue dans la première partie de l'article 131. En effet, quand il y aura un procès entre conjoints, ascendants, frères et sœurs, ou alliés au même degré, le tribunal pourra ordonner que la

4

partie gagnante ne répétera pas ses frais ou n'en répétera qu'une portion. — Les juges pourront aussi compenser les dépens en tout ou en partie, si les parties succombent respectivement sur quelques chefs.

Art. 132. — Cet article a pour but de maintenir l'ardeur souvent trop grande des avoués et huissiers à faire des frais parfaitement inutiles et sans mandat de la part de leurs clients. Il serait inique, du reste, de faire retomber sur le client les frais de poursuites qu'il n'a pas ordonnées, qu'il n'a dû ni pu prévoir. Non-seulement ces frais seront payés par l'avoué et l'huissier, mais ces derniers pourront être condamnés à des dommages et intérêts sans préjudice de l'interdiction qui pourra être prononcée contre eux.

Ce que nous venons de dire des avoués et des huissiers s'applique également aux tuteurs, curateurs, héritiers bénéficiaires et autres représentants qui auront excédé les bornes de leurs fonctions. Comme les avoués et huissiers, les tuteurs, les curateurs pourront être destitués, mais l'héritier bénéficiaire pourra seulement être déclaré héritier pur et simple.

Art. 133. — *Primus* et *Secundus* ont entr'eux un procès ; *Primus* obtient gain de cause et *Secundus* est condamné aux dépens. L'avoué de *Primus* est créancier de ce dernier pour les avances et frais qu'il a faits. *Primus* est à son tour créancier de *Secundus* pour ces mêmes frais et avances. Au moyen de la distraction on évite des longueurs et une perte de temps. L'avoué de *Primus* pourra toucher directement ce qui lui est dû des mains de *Secundus*. En conséquence, la note des frais de l'avoué devra être taxée et l'exécutoire délivré au nom de l'avoué contre *Secundus*. Toutefois, si *Secundus* devient insolvable, l'avoué n'en conserve pas moins ses droits contre son client.

Notre article 133 ajoute que la distraction des dépens ne pourra être prononcée que par le jugement qui en portera la condamnation. En général elle sera demandée par l'avoué du demandeur dans l'exploit d'ajournement et par l'avoué du défendeur, par la requête de défense qui est le premier acte de procédure signifié à l'avoué adverse.

Art. 134. — C'est un motif d'économie qui a guidé le législateur dans cet article. Ce serait en effet une mauvaise marche que de faire supporter aux parties les frais d'un double jugement et d'une double signification. On peut faire une objection à cet article. A quoi bon statuer sur le provisoire, si le fond de la demande est complètement instruit? L'utilité s'en présente dans le cas suivant. Dans une revendication immobilière, tout en jugeant le fond de l'affaire, les juges ont rendu un jugement provisoire décidant que l'immeuble litigieux serait confié aux mains d'un sequestre judiciaire; s'il est interjeté appel de ce jugement, l'appel ne suspendra pas l'exécution du jugement provisoire.

Art. 135. — L'article 135 nous dit que l'exécution provisoire sans caution *sera* ordonnée s'il y a titre authentique, promesse reconnue, ou condamnation précédente par un jugement dont il n'y ait point appel. Mais à quoi bon? Il semble que dans ce cas il ne peut pas y avoir de différent. Le contraire peut pourtant avoir lieu. Une partie demande le paiement d'une somme qu'elle prétend lui être due en vertu d'un titre authentique; l'autre partie de son côté, sans attaquer l'authenticité du titre, soutient qu'elle a payé mais elle ne présente pas de quittance, il y a présomption de non-paiement contre elle.

Les juges pourront facultativement ordonner l'exécution provisoire de leurs jugements avec ou sans caution lorsqu'il s'agira : 1° d'opposition et levée de scellés ou confection d'inventaire ; 2° de réparations urgentes ; 3° d'expulsion des lieux lorsqu'il n'y a pas de bail ou que le bail est expiré ; 4° de sequestres, commissaires et gardiens ; 5° de réception de caution et certificateurs ; 6° de nomination de tuteurs, curateurs et autres administrateurs, et de reddition de comptes ; 7° de pensions ou provisions alimentaires.

Art. 136. — Cet article se rattache au même ordre d'idées que le précédent. Si les juges ont rendu un jugement sans prononcer l'exécution provisoire, ils ne pourront l'ordonner par un second jugement. Ce sera aux parties à la demander sur l'appel, c'est-à-dire avant que le fond de l'affaire soit examiné par la Cour.

Art. 137. — « L'exécution provisoire ne pourra être ordonnée pour les dépens, quand même ils seraient adjugés pour tenir lieu de dommages et intérêts. » Cela se comprend sans peine. La condamnation aux dépens ne présente ni ce caractère d'importance ni ce caractère d'extrême urgence qui motivent, dans l'article 135, l'exécution provisoire.

Art. 138-139 140 141. — Ces articles contiennent les règles relatives à la rédaction des jugements et les formalités sont d'une intelligence et d'un accomplissement assez faciles.

Pendant le prononcé du jugement, le greffier du tribunal prend des notes sur un registre de papier libre dit *plumitif*, s'attachant surtout à reproduire les motifs et le dispositif de la décision (art. 36 et 37 du décret du 30 mars 1808). Ces notes vérifiées et complétées par le président sont transcrites sur papier libre pour former la minute du jugement.

Aussitôt après que le jugement est rendu ou plutôt dans les vingt-quatre heures, le président et le greffier sont tenus de signer cette minute ainsi que la mention faite en marge des noms des juges et du procureur de la République.

Pour sanctionner ces dispositions, la loi ordonne aux procureurs généraux et aux procureurs de la République de se faire présenter tous les mois les minutes des jugements. Et en cas de contraventions, ils doivent dresser procès-verbal. En outre, l'article 139 édicte une peine assez sévère contre le greffier qui délivrerait l'expédition d'un jugement avant que la minute ne soit signée. Il serait poursuivi comme faussaire.

L'expédition d'un jugement est la copie de la minute contenant de plus les noms, professions et demeures des parties, leurs conclusions, les noms des avoués et les points de fait et de droit.

ART. 142-143-144-145. — Ces quatre articles s'enchaînent les uns et les autres et doivent être expliqués ensemble.

Il semble étonnant que ce ne soit pas le tribunal qui doive compléter ce que la minute présente d'incomplet, en un mot rediger lui-même le jugement. Néanmoins l'article 142 nous dit que la rédaction en est faite sur les qualités dressées par l'avoué de la partie qui a obtenu gain de cause. Cette rédaction des qualités doit être signifiée à la requête de l'avoué rédacteur, à l'avoué de la partie adverse et par le ministère d'un huissier-audiencier. L'original des qualités restera à la Chambre et dans les mains des huissiers-audienciers pendant vingt-quatre heures.

De deux choses l'une. Si l'avoué qui a reçu signification des qualités ne voit rien qui soit préjudiciable à son client, il garde le silence, et vingt-quatre heures après la réception de la signification, les qualités sont inattaquables et l'avoué rédacteur peut les remettre au greffier qui les comprendra dans son expédition. Si au contraire, l'avoué auquel les qualités ont été signifiées s'y oppose, son opposition sera mentionnée sur l'original qui reste aux mains de l'huissier-audiencier. Les deux avoués comparaîtront devant le président ou le juge qui le remplace, pour savoir si les qualités seront maintenues ou réformées.

ART. 146. — L'expédition d'un jugement pour être exécutoire doit être revêtue de la formule : « *République française. Au nom du peuple français,* » et « *Le Président de la République française mande et ordonne, etc.* »

Cette expédition délivrée en forme exécutoire porte le nom de *grosse*. Le greffier ne peut en délivrer plus d'une sans l'ordre du président du tribunal.

Art. 147. — Cet article, de même que les suivants, a rapport à la signification des jugements. Cette signification qui résulte d'un vieil adage : « *Paria sunt non esse et non significari* », a deux objets : 1° Elle sert de préambule à l'exécution des jugements ; 2° elle fait courir les délais d'appel et les recours en cassation.

A qui faut-il signifier les jugements ? L'article 147 nous dit que s'il y a avoué en cause, le jugement ne pourra être exécuté qu'après avoir été signifié à avoué, à peine de nullité. Toutefois, cette signification n'est pas nécessaire pour certains jugements préparatoires.

L'article 147 ajoute que les jugements provisoires et définitifs qui prononcent des condamnations seront en outre signifiés à la partie, à personne ou domicile, et il sera fait mention de la signification. On conçoit que dans ce cas la partie doive être avertie directement de la condamnation prononcée à son préjudice. Du reste la signification à partie n'empêche pas la signification à avoué.

Une question se présente : lorsqu'il a été choisi un domicile pour l'exécution d'un acte, on s'est demandé si la signification d'un jugement rendu à propos de cet acte pourrait être valablement faite au domicile élu. J'admets l'affirmative. En effet, aux termes de l'article 111 du Code civil, il est permis de faire à ce domicile toutes significations, demandes et poursuites relatives à l'exécution d'un acte. Et l'exécution à la suite d'un jugement n'est autre chose qu'une voie d'exécution forcée.

Art. 148. — Si l'avoué est décédé ou a cessé de postuler après la prononciation du jugement, mais avant la signification, la partie qui aura succombé n'aura pas besoin de prendre un avoué. La signification à elle seule suffira, mais il y sera fait mention du décès ou de la cessation des fonctions de l'avoué. De cette manière, tout en notifiant le jugement à cette partie, on lui donnera avis du décès de son avoué, et elle pourra s'adresser à un autre pour savoir si elle doit exécuter le jugement ou chercher au contraire à en obtenir la réformation.

# POSITIONS

I. — Les parties ne peuvent prendre de conclusions additionnelles après un jugement ordonnant délibéré sur rapport ; elles le peuvent au contraire après un jugement qui ordonne l'instruction par écrit.

II. — Les tribunaux ne peuvent accorder un délai que pour l'exécution de leurs propres jugements, et ils doivent l'accorder dans le jugement même qui statue sur la contestation.

III. — L'omission d'une des mentions exigées par l'article 141 entraîne la nullité du jugement.

IV. — La signification à personne ou à domicile dont parle l'article 147 peut être faite au domicile élu.

*Vu par le Président de l'acte public,*
**LÉOPOLD THÉZARD.**

*Vu par le Doyen intérimaire,*
**M. PERVINQUIÈRE.**

Limoges. — Imp. veuve H. Ducourtieux, rue des Arènes, 5.

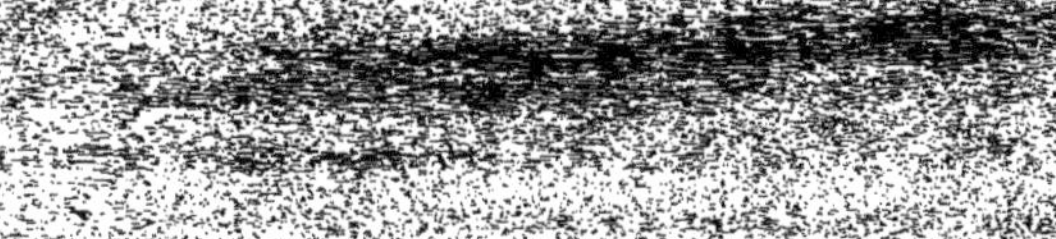
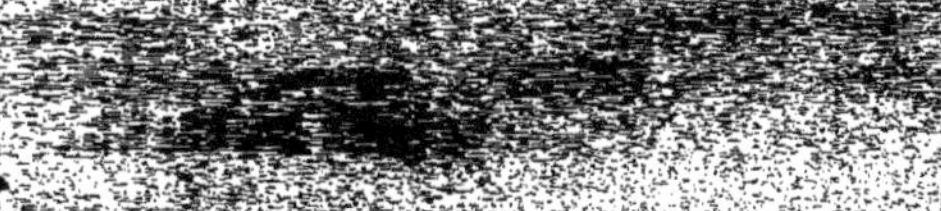

LIMOGES, IMPRIMERIE V<sup>e</sup> H. DUCOURTIEUX

5, Rue des Arènes, 5